AF253770

RAPPORT

SUR LA

GUERRE 1870-1871

RAPPORT

SUR LA

GUERRE 1870-1871

1ᵉʳ BATAILLON DE LA GARDE NATIONALE

DU CANTON DE CONCHES

PARIS

IMPRIMERIE DE E. MARTINET

RUE MIGNON, 2

1872

RAPPORT

SUR LA

GUERRE 1870-1871

1ᵉʳ BATAILLON DE LA GARDE NATIONALE
DU CANTON DE CONCHES

Par décision en date du 15 septembre 1871, l'Assemblée nationale a décidé qu'une enquête sur les faits relatifs à la guerre de 1870-1871 serait faite dans tous les départements, et elle a chargé une commission de ses membres de concentrer les renseignements qu'il serait possible de recueillir sur ce sujet. Le rapport qui résultera de cette enquête, en rendant à chacun ce qui lui est dû, sera une œuvre de justice, et les documents qui auront servi à l'établir seront précieux pour l'histoire locale d'abord, générale ensuite. Il ressortira certainement de cette consciencieuse recherche, qu'à la suite de nos grands désastres d'Alsace et de Lorraine, la bonne volonté à les réparer était extrême en France et que

notre malheureux pays eût pu être sauvé si la nation
eût témoigné plus de sang-froid et un patriotisme plus
éclairé, si elle n'eût laissé un gouvernement né de l'é-
meute paralyser la défense en en prenant la direction.
Le département de l'Eure ayant été l'un des plus mal-
traités pendant cette triste campagne, l'enquête sur les
faits qui s'y sont passés est particulièrement intéressante,
et un rapport sur les modestes agissements du 1er bataillon de la garde nationale du canton de Conches y
trouve naturellement sa place.

Dès que nos désastres des mois de juillet et d'août 1870
furent connus, et qu'on put soupçonner que la création
d'une garde nationale allait être nécessaire à la défense
du territoire, plusieurs personnes, persuadées que cette
création devait avoir lieu le plus vite possible, sollici-
tèrent M. le préfet de l'Eure d'y procéder tout de suite.
Le temps pressait. Tout était à faire pour créer une
garde nationale.

Presque tous les anciens officiers reprenant du service
dans l'armée active, cette création devait devenir l'œuvre
de gens étrangers au métier des armes, ce qui centuplait
les difficultés, déjà si grandes, de former des troupes
auxquelles on avait à demander une certaine solidité
avec des hommes dont la presque totalité, essentiellement
pacifique, n'avait jamais pensé qu'elle pût être appelée
à prendre part à la défense de la patrie. M. le préfet
de l'Eure fit tous ses efforts pour presser cette organisation.

Malheureusement, le 4 septembre, où fut donné

l'ordre d'y procéder pour le canton de Conches, le changement de gouvernement vint tout remettre en question.

L'organisation, telle que la concevait M. Tourangin, d'un bataillon par canton ne comprenant que les hommes assez vigoureux pour rendre des services, fut immédiatement modifiée, et, dans le but d'appeler toute la nation aux armes, on porta la limite d'âge à cinquante-cinq, puis le 16 septembre à soixante ans, ce qui aurait donné près de 3000 hommes pour un canton un peu peuplé. C'était beaucoup trop pour un seul bataillon ; en conséquence, M. le préfet, par arrêté du 30 septembre, fixa à trois le nombre des bataillons pour le canton de Conches. Cette nouvelle organisation avait le très-grave inconvénient, lorsqu'on avait si peu d'armes à distribuer, d'en immobiliser tout de suite une partie entre les mains d'hommes auxquels mille circonstances empêchaient de demander un service réellement actif.

A peine la formation de la garde nationale était-elle ainsi décidée, qu'un décret daté du 29 septembre parvint à Évreux : il appelait à la mobilisation tous les citoyens célibataires ou veufs sans enfants de vingt et un à quarante ans, et retirait à la garde nationale un de ses éléments les plus vigoureux. Les changements très-intempestifs d'un grand nombre de maires et de conseils municipaux qui survinrent ensuite apportèrent aussi leur contingent de retards à l'organisation de la garde nationale. Enfin, le principe pernicieux, contraire à toute discipline, de l'élection des officiers par leurs soldats prévalut. Pour procéder à ces élections, on dut perdre encore bien du temps ; aussi, le 1er bataillon du canton de Conches ne fut-il constitué que le 6 octobre.

A la suite de l'établissement des contrôles, et par arrêté préfectoral, ratifiant les élections faites au chef-lieu, le 1er bataillon du canton de Conches fut ainsi formé, sous le commandement de M. Barbié du Bocage :

COMMUNES.	EFFECTIF.	
Conches............	464 hom.	3 compagnies, dont 1 de pompiers.
Nagel.............	20 hom.	
Seez-Mesnil........	52 hom.	1 compagnie.
Gaudreville-la-Rivière.	37 hom.	
Champdolent........	14 hom.	1 compagnie.
Orvaux............	27 hom.	
Nogent-le-Sec.......	64 hom.	
Mesnil-Hardray......	30 hom.	1 compagnie.
Fresne............	60 hom.	1 compagnie.
Beaubray..........	79 hom.	1 compagnie.
Sainte-Marthe.......	110 hom.	1 compagnie.

957 hom.

État-Major.

Capitaine adjudant-major..	Austruy.
Capitaine rapporteur près le conseil de discipline....	Lailler.
Capitaine trésorier.......	De Tourlaville.
Aumônier.............	l'abbé Cosnard, vicaire de Conches.
Chirurgien aide-major....	le docteur Martin.
Lieutenant porte-drapeau..	Beaube (Constant).
Adjudant sous-officier.....	Beaunier (Auguste).

Compagnie des pompiers de Conches.

Capitaine.............	Lefort.
Lieutenant............	Guillot Raffy.
Sous-lieutenant........	Blanchet.

1re compagnie de Conches.

Capitaine en premier...... Payer.
Lieutenants .... Delarue (Félix) et Coupey.
Sous-lieutenant......... Palfroy.

2e compagnie de Conches.

Capitaine en premier..... Le Ménager.
Capitaine en second...... Benoist.
Lieutenants............ Chavantré et Collette.
Sous-lieutenants........ Métayer et Petit.

Compagnie de Nagel et Seez-Mesnil.

Lieutenant. .... Marc (Joseph).
Sous-lieutenant......... Buisson (Abeilard).

Compagnie de Gaudreville, Champdolent et Orvaux.

Sous-lieutenants........ Porcher (J. B.) et Omont (Fr.).

Compagnie de Nogent et du Mesnil-Hardray.

Capitaine............. Toutenel (Honoré).
Lieutenant......... ... Bigot (Séraphin).
Sous-lieutenant. .... Bonhomme (Joseph).

Compagnie du Fresne.

Capitaine............. Bonnel (Jacques).
Lieutenant........... Veautier Palfroy.
Sous-lieutenant......... Bonnel (Louis).

Compagnie de Beaubray.

Capitaine............. Chauvin (Auguste-Romain).
Lieutenant............ Plicaux (Désiré).
Sous-lieutenant......... Renault (Arsène fils).

Compagnie de Sainte-Marthe.

Capitaine............. Martin.
Lieutenant........... Quinquet (Adolphe).
Sous-lieutenant........, Poret.

La tâche de donner à la garde nationale de Conches un commencement d'organisation, lorsque l'ennemi attaquait déjà la ligne de l'Eure, présentait, on le voit, des difficultés sans nombre ; elle fut cependant très-favorisée par le zèle, l'activité et le patriotisme de plusieurs des officiers, notamment des capitaines Lefort, Payer, Le Ménager, Benoist, du capitaine instructeur Austruy, de l'adjudant Beaunier, ainsi que de quelques anciens militaires devenus sous-officiers, et tant que le département ne fut menacé que sur ses frontières, l'instruction fit de grands progrès à Conches et dans les communes dépendant du bataillon, là surtout où l'on avait pu obtenir des armes. Vers le 20 octobre 1870, l'école du soldat, l'école de peloton et celle du tirailleur soignées spécialement, étaient assez complètes pour donner quelque confiance aux hommes et leur permettre d'affronter, sans trop de désavantage, les éclaireurs ennemis. Malheureusement, sauf des fusils à pistons, souvent avariés, anciens modèles de plusieurs époques, dont le nombre est monté un moment à 622 pour 960 hommes, la garde nationale manquait de tout, particulièrement de cartouches. Les communes rurales peu riches ne pouvaient surtout rien fournir pour l'équipement de leurs gardes nationaux ; leurs officiers eux-mêmes, pris parmi d'anciens soldats, peu aisés pour la plupart, étaient, malgré le zèle dont ils ont fait preuve en maintes occasions, dans l'impossibilité de s'équiper. En outre, les hommes comprenaient parfaitement le désavantage très-réel qui résultait pour eux de leurs armes à tir lent

et à courte portée. Leur confiance en était affaiblie.
Malgré tout cela, on peut le répéter, soit l'excessive
bonne volonté que chacun témoignait, soit l'habitude
relative de manier un fusil que, dans un pays de forêts,
la chasse avait donnée à un grand nombre d'hommes,
le bataillon, au 20 octobre, était très-décidé à bien faire
et présentait un ensemble satisfaisant. Mais les meilleures
choses, comme les meilleurs sentiments, ont leur temps,
surtout lorsqu'on n'a à sa disposition que les moyens les
plus restreints : des réunions pour les exercices, les
gardes à monter, les services de tous genres auxquels la
garde nationale était astreinte, portaient un grave préjudice aux travaux de la campagne, surtout à l'époque
des semailles ; l'exactitude s'en ressentit bientôt, princi-
palement dans les communes rurales, et l'autorité des
officiers se trouva souvent désarmée devant cette nécessité si naturelle et au fond si respectable. Une discipline
vigoureuse eût été le seul remède à de trop grands écarts ;
mais, ce remède, nous ne l'avions même pas ! Restée
sous la direction des préfets, la garde nationale devait,
pour chaque détail, recourir à l'administration centrale
du département qui, s'occupant beaucoup trop de poli-
tique, ce qui avait pour conséquence de désaffectionner
la plupart des vrais défenseurs du pays, négligeait for-
cément la défense lorsqu'elle ne la contrecarrait pas en
obéissant à un système général de démocratisation qui
ôtait toute confiance aux soldats dans leurs chefs, aux
chefs dans leurs soldats. Le gouvernement d'alors refu-
sait de donner à la garde nationale sédentaire une dis-

cipline sévère dans la crainte, d'une part, d'indisposer les masses contre lui, de l'autre, de donner du même coup aux officiers une influence qui, par la suite, pût tourner à son préjudice. Cependant il prêchait la défense à outrance! C'étaient deux incompatibilités. Ainsi, il a fallu plus de deux mois, alors qu'on était à quelques kilomètres des Prussiens, malgré des sollicitations sans nombre et la bienveillance très-réelle des employés de préfecture, pour obtenir l'autorisation de former un conseil de discipline et la nomination de ses membres. Dans ce moment de crise, on nous forçait à subir les lenteurs de la loi de 1831, évidemment faite pour des temps de paix. C'était là la forme de l'inertie gouvernementale, et l'on comprendra facilement à quelles difficultés nous nous heurtions lorsqu'on saura que, d'après cette loi, un conseil de discipline ne peut fonctionner que lorsqu'il a en mains quatorze imprimés différents. Enfin, pour tout dire, malgré tous nos efforts, le conseil de discipline du bataillon de Conches, que réclamaient les gardes nationaux eux-mêmes, ne put entrer en fonctions que la veille du jour où, par la marche des événements, on fut forcé de prononcer la dissolution de la garde nationale. L'autorité des officiers était donc bien restreinte, et la persuasion, qui fut toujours leur meilleure arme, ne pouvait avoir qu'un temps.

La conclusion des faits concernant l'organisation de la défense nationale auxquels nous avons pris part est celle-ci : il n'est pas possible d'avoir une force armée sans qu'elle soit sous la loi militaire, et, quand le territoire est envahi, le pouvoir militaire doit avoir une autorité absolue sur l'administration civile. Il importe que celle-ci continue de fonctionner, mais seulement comme exécutrice des ordres du pouvoir militaire. Le dualisme du pouvoir civil et du pouvoir militaire a été, pendant la seconde période de cette triste guerre, l'une des grandes causes, sinon la plus grande, de la non-réussite des efforts tentés pour la défense du sol national.

———

Par ordre de M. le général Fiéreck, commandant supérieur de l'Ouest, en vertu du décret sur l'état de guerre du 18 octobre 1870, le commandant du 1ᵉʳ bataillon de la garde nationale du canton de Conches fut appelé, le 20 octobre, à faire partie du comité militaire qui remplaçait à Évreux un premier comité dit : Comité de défense.

Il soutint, dans ce comité présidé par M. le général de Kersalaun, l'avis de profiter des forêts de Breteuil, Conches et Beaumont, pour l'établissement d'une seconde ligne de défense. L'occupation de ces forêts permettait, à des forces relativement restreintes, de se porter tantôt sur un point, tantôt sur un autre ; elle eût fait de l'ennemi, dans notre département, l'attaqué au lieu de l'agresseur. Nous eussions ainsi dissimulé notre faiblesse, nous eussions moins souffert du manque d'artillerie et de la mauvaise qualité de nos armes. 20 000 hectares de bois offrant une retraite certaine auraient donné une une grande confiance aux troupes. 12 ou 15 000 hommes qui alors défendaient l'Eure, concentrés dans ces forêts, eussent nécessité à l'ennemi une force au moins égale pour pousser au delà et, dans le cas où ce nombre d'hommes n'eût pas été à sa disposition, l'invasion de la Basse-Normandie en eût été de beaucoup reculée. La défense a été trop locale, c'est dans l'Eure qu'il fallait défendre le Calvados et la Seine-Inférieure.

Il eût été facile de créer un camp vers Sainte-Marguerite, Baux-de-Breteuil ou le Fidelaire, d'y concentrer des vivres et des munitions. Que de marches et de contre-marches l'exécution de ce projet eût évitées à nos malheureuses troupes, à peine vêtues, à peine nourries, par un des hivers les plus rigoureux dont on se souvienne. Ce projet avait, en outre, l'avantage de donner confiance aux gardes nationales de toutes les petites villes voisines des forêts, telles que Conches, Breteuil, Verneuil, Laigle, etc. On eût obtenu d'elles, lorsqu'elles se seraient senties appuyées et certaines de leur retraite, un excellent service d'éclaireurs et de grand'-gardes.

Malheureusement, les événements marchaient avec une telle rapidité, que le temps manqua pour suivre d'une manière efficace l'avis ainsi formulé, avis que le général Fiéreck avait du reste approuvé, et il n'était déjà plus temps de mettre ce projet à exécution, l'ennemi attaquant Évreux, lorsque, le 19 novembre, le général Kersalaun, commandant du département et président du Comité militaire, remit au commandant de Conches l'ordre suivant :

« Commandant,

» L'ennemi est trop près de nous pour ne pas prendre toutes les dispositions défensives nécessaires. Réunissez donc la garde nationale qui est sous votre commandement et créez, dans la forêt de Couches, tous les obstacles que vous jugerez à propos d'établir. »

Il était trop tard, disons-nous, le lendemain le général de Kersalaun n'était plus là. Évreux avait été pris, et Conches était directement menacée. Le régiment des mobiles de l'Eure occupa cette ville deux jours après, et le commandement revint au lieutenant-colonel d'Arjuzon, qui avait d'autres ordres que celui dont on vient de prendre connaissance.

Comme il a été dit plus haut, à Conches, l'organisation de la garde nationale avançait autant que possible eu égard aux circonstances comme au manque de moyens, lorsque le commandant reçut, le 24 octobre à onze heures du matin, par le télégraphe, l'ordre de venir le plus vite possible, de sa personne, à Évreux, et de se faire suivre de tout son monde, immédiatement réuni. Le rappel fut tout de suite battu, des exprès envoyés dans les communes, et le commandant partit laissant au capitaine Payer le soin de réunir le bataillon et de le conduire à Évreux. Les Prussiens, disait-on, ayant pris Pacy-sur-Eure, menaçaient Évreux. On croyait marcher à l'ennemi, cependant bien peu d'hommes firent défaut, et sur les quatre heures de l'après-midi le bataillon entrait à Évreux en bon ordre, musique en tête. Sur 960 hommes, effectif complet, 750 au moins se trouvaient dans les rangs et beaucoup, qui n'avaient pu être avertis à temps, rejoignirent dans la nuit et le lendemain matin. Des billets de logement furent donnés aux gardes avec ordre de se réunir dès le petit jour.

C'est ce même soir du 24 octobre, journée pluvieuse, que se produisit cette grande aurore boréale dont la teinte rouge sombre s'étendit sur tout le nord de la France.

Le 25, à six heures du matin, la garde nationale de Conches se trouvait réunie derrière la mairie d'Évreux; et c'est sous une pluie abondante, lorsque les hommes, la plupart en blouse, n'avaient pas même une couverture à mettre sur leurs épaules, qu'il fallut organiser le départ, c'est-à-dire fournir en fait d'uniformes, au moins des képis, puis des épinglettes, et distribuer ce qu'on put obtenir de cartouches. Par ordre du général, tous les hommes âgés de plus de quarante ans ou ceux auxquels on ne pouvait alors fournir des fusils ou des chaussures, plusieurs étant venus en sabots, furent remerciés du patriotisme avec lequel ils s'étaient rendus à l'appel qui leur avait été fait et renvoyés dans leurs foyers. Il ne fut conservé dans les rangs que 279 hommes dont 179 de Conches : pompiers, 29; 1re compagnie, 89, 2e compagnie, 61; de Nagel, 6; de Seez-Mesnil, 13; de Beaubray, 37; de Sainte-Marthe, 26; du Fresne, 13; plus quelques volontaires. Ainsi on voit combien était défectueuse cette levée en masse qui déplaçait plus de 800 hommes pour en utiliser 300.

Malgré le temps affreux, le bataillon qui avait ordre

de se rendre sur les hauteurs de Pacy (rive gauche de
l'Eure) d'occuper le château et la ferme de Buisson-de-
Mai et d'y soutenir le 6ᵉ bataillon des mobiles de la Loire-
Inférieure, campé aux environs, partit gaiement pour
sa destination. Si, en pareil cas, l'élan est naturel chez
des troupes aguerries, qu'on veuille bien ne pas oublier
qu'il s'agissait ici d'hommes qui la veille encore étaient
à leur commerce ou à leurs cultures et qui ne pensaient
à rien moins qu'à devenir soldats, surtout dans d'aussi
tristes conditions et dans d'aussi terribles circonstances ;
mais on doit le répéter, le patriotisme alors était grand,
la province avait un rôle à remplir, chacun le savait et
voulait prendre sa petite part à la délivrance de Paris.

15 ou 18 kilomètres séparent Évreux de Pacy-sur-
Eure. Ayant quitté le chef-lieu du département à une
heure de l'après-midi, le bataillon parvint vers cinq
heures au Buisson-de-Mai. Ce beau château, situé dans
les bois, entouré d'avenues séculaires, avait été converti
en ambulance, et la croix de Genève en interdisait l'entrée à la garde nationale qui dut se contenter d'occuper
la ferme. La nuit était complète et la pluie ne cessait
presque pas ; rien n'était préparé pour notre arrivée, les
étables, les écuries, les granges où les hommes durent
se loger, occupés successivement, les jours précédents,
par les mobiles, les francs-tireurs et même les Prussiens,
ne contenaient pas une seule botte de paille ; il fallut
organiser des corvées pour en aller réquisitionner aux
environs; ce ne fut qu'après de longues recherches qu'on
trouva un petit bout de bougie qui servit à jeter un coup

2

d'œil dans les écuries avant d'y faire entrer les hommes.
Pour comble de malheur, les vivres, qu'au moment du
départ M. le préfet avait formellement promis au commandant, n'arrivaient pas, et les hommes qui n'avaient
rien mangé depuis le matin durent se coucher sans autre
souper que quelques morceaux de pain que quelques-
uns d'entre eux avaient eu la précaution d'emporter.

Personne dans le bataillon ne connaissait les bois qui
entourent de trois côtés la ferme de Buisson-de-Mai, et
l'on n'eut, pour placer les sentinelles et les grand' gardes
d'autres renseignements que ceux très-vagues que purent fournir quelques mobiles de la Loire-Inférieure,
dont le bataillon était campé sur la gauche de la grande
route, au-dessus de Pacy. Leur commandant, en arrivant une heure ou deux après, confia seulement au
commandant de la garde nationale que l'ennemi devait
être au plus à 2 ou 3 kilomètres, et que le colonel
Mocquard, qui avait fait retraite de la rive droite sur la
rive gauche de l'Eure, se trouvait avec sa troupe à
quelques kilomètres sur la droite de Buisson-de-Mai.
La position ne laissait pas que d'être assez critique pour
des gardes nationaux qui n'avaient, en somme, que dix-
sept cartouches par homme et qui ne pouvaient faire
retraite qu'à travers une plaine de 18 kilomètres sans
un abri, où un escadron de uhlans les eût enlevés ou
tués jusqu'au dernier. Les hommes cependant firent leur
devoir aussi complétement qu'on pouvait le désirer; les
sentinelles et les grand' gardes furent maintenues toute
la nuit dans les bois, malgré une pluie battante. La nuit

heureusement fut calme et la pluie qui nous gênait tant eut cet avantage d'éloigner l'ennemi dont elle empêchait aussi les opérations.

Au jour les vivres promis n'étaient pas encore arrivés et les hommes qui n'avaient pas soupé durent se passer de déjeuner. Le commandant fit alors partir pour Évreux un lieutenant des pompiers, M. Guillot-Raffy, depuis maire de Conches, qu'il chargeait de presser l'arrivée du ravitaillement. Bientôt, en effet, il devait devenir presque impossible de maintenir à leurs postes des hommes auxquels on ne donnait rien à manger. Des corvées envoyées aux réquisitions dans les villages environnants ne rapportaient rien.

Au petit matin, le commandant, suivi du capitaine Payer et du lieutenant Delarue, dut faire le tour des bois de Buisson-de-Mai pour prendre connaissance de la position et établir la défense aussi convenablement que possible. C'est dans cette course qu'il parvint au campement des mobiles de la Loire-Inférieure, et fut douloureusement frappé de la misère de ces pauvres garçons. Depuis six ou huit jours, ces malheureux mobiles, mal nourris, mal vêtus, étaient campés là, par une pluie presque continuelle, sous des bois taillis, dans de petites tentes où le sol était à peine recouvert d'une paille fétide à force d'humidité, ou dans de mauvais gourbis de feuillage si détrempés qu'ils ne pouvaient allumer le feu nécessaire à la confection de leur maigre cuisine. On faisait bien d'établir partout des ambulances, dans de telles conditions elles se peuplaient vite.

A trois heures de l'après-midi pas de vivres encore. Il commençait à n'être plus possible de maintenir les gardes nationaux. Ce ne fut que sur les quatre heures que M. Guillot, qui avait fait toute la diligence possible, mais qui n'avait rien trouvé de préparé et qui avait été forcé de courir acheter tout lui-même, revint au Buisson-de-Mai avec une voiture de pain, de viande et de liquides. Dès lors le dîner était assuré et avec lui revinrent la confiance et l'entrain. A quatre heures aussi, à la nuit tombante, nous eûmes une alerte. Les sentinelles se repliaient en criant aux armes. Elles voyaient des cavaliers courir à quelques centaines de mètres derrière les haies et croyaient avoir affaire aux uhlans. Le commandant, suivi de 25 ou 30 hommes qui se trouvaient les plus près de lui, fut se rendre compte de ce que pouvaient être ces cavaliers, et comme leurs allures étaient assez inquiétantes, il donna l'ordre de prendre les armes tout en maintenant les hommes dans leurs casernements, et divisant en trois groupes les quelques gardes armés qui l'entouraient, il les envoya, sous la conduite du capitaine Payer, en reconnaissance le long des haies. Tous partirent sans la moindre hésitation, le fusil en arrêt, prêts à faire feu, et ils allaient tirer, lorsqu'on reconnut que ces cavaliers, aux allures suspectes, étaient tout simplement des hommes du corps du colonel Mocquard envoyés pour nous reconnaître, mais dont le bizarre accoutrement avait causé cette méprise.

Deux heures plus tard, le général commandant la subdivision, ayant appris que l'ennemi s'était éloigné des positions qu'il menaçait la veille, donnait au bataillon de Conches l'ordre de rentrer à Évreux, d'où un train de nuit ramena une partie des hommes à Conches. Les autres ne purent rentrer que le lendemain dans leurs foyers. Le soir même le commandant rendait compte au général de sa mission, et n'oubliait pas de lui dépeindre les misères des malheureux mobiles qui avaient été pendant quelques heures ses compagnons d'armes.

Deux jours après le commandant recevait de M. le préfet la lettre suivante :

« Monsieur le commandant,

» Veuillez transmettre aux gardes nationaux du bataillon de Conches que vous commandez mes remercîments et mes félicitations pour l'empressement et le zèle qu'ils ont mis à répondre à notre appel.

» Ils ont prouvé que le sentiment patriotique vibre encore avec énergie dans notre beau département.

» Leur conduite mérite des éloges que tout Évreux se plaît à leur donner et auxquels je suis heureux de m'associer.

» Recevez, monsieur le commandant, etc. »

Ces remercîments et félicitations furent tout de suite transmis à toutes les compagnies.

Du 27 octobre au 19 novembre aucun fait intéressant la garde nationale de Conches ne mérite d'être relaté. La guerre semblait s'éloigner un peu de nous. Elle se trouvait reportée d'un côté vers Mantes et le

Vexin, de l'autre vers Dreux et Nonancourt. Le service des postes et des patrouilles continua néanmoins avec la plus grande activité, et le résultat de cette petite expédition du Buisson-de-Mai fut de donner pendant quelques temps aux officiers plus d'autorité, aux hommes plus d'ardeur. Mais, comme il a été dit précédemment, à la longue, surtout dans quelques communes rurales, les cultivateurs qui travaillaient tout le jour, se fatiguèrent de passer les nuits, et l'on dut, à chaque appel, constater de nombreuses absences. Nous avons pu nous rendre compte, cependant, que c'est à la nécessité seule qu'il fallait imputer ces absences, car, lorsque cette nécessité n'existait pas elles cessaient de se produire. Ainsi, les propriétaires des forges et forêt de Conches ayant, et c'est une preuve de patriotisme qu'on ne saurait trop louer, continué de payer leurs nombreux ouvriers malgré le temps que le service enlevait au travail, ces braves gens n'ont cessé d'accourir à chaque prise d'armes, de Sainte-Marthe, avec la compagnie de cette commune ou du Vieux-Conches, sous les ordres de leur administrateur et lieutenant, M. Collette.

En général les réunions pour les exercices étaient plus suivies que les gardes à monter et l'instruction continuait à progresser.

Pendant ces trois semaines, dans la ville même de Conches, le service fut souvent pénible, surtout pour les officiers, par suite des nombreux passages de troupes. Maintes fois, ordinairement vers le soir, on reçut, par le télégraphe, l'avis que des bataillons plus ou moins nom-

breux allaient traverser la ville venant du chemin de
fer ou s'y rendant, et parfois aussi devant séjourner.
Ces avis n'arrivaient souvent qu'une heure avant les
troupes qu'ils annonçaient et il fallait, dans un temps
si court, préparer des vivres, des logements, pour un
nombre d'hommes considérable.

M. Guillot Raffy, nouvellement maire de Conches,
dont on ne saurait trop louer le zèle et l'activité,
faisait tout son possible, mais les officiers devaient
lui venir en aide et bien des nuits blanches furent,
pour lui et pour eux qui devaient en outre maintenir
l'ordre dans la ville, le résultat de ces passages de
troupes.

La police d'une petite ville est chose facile en temps
ordinaire, mais lorsque à la nuit close, même fort tard,
arrivent de très-loin, comme nous l'avons vu maintes
fois, un ou deux milliers d'hommes affamés, souvent
hélas ! débandés, ne respectant rien, jetant sacs et fusils
en pleine rue, ne reconnaissant plus l'autorité de leurs
officiers, à bien plus forte raison celle des autres, mena-
çant même de leurs armes quiconque tente de réprimer
leurs écarts sans qu'on ait le moindre moyen de répres-
sion, c'est là une triste et pénible tâche : elle fut à bien
des reprises celle des officiers de la garde nationale de
Conches.

En outre, il ne se passait pas de jour, on peut presque
dire d'heure, où l'on n'amena d'un endroit ou de l'autre
au poste de Conches des gens arrêtés, soit par les gardes
du bataillon, soit par ceux des bataillons voisins, soit

par les autorités civiles des communes à six lieues à la ronde.

Les prétextes de toutes ces arrestations étaient l'irrégularité ou le manque de pièces constatant l'identité, l'accusation d'espionnage en faveur de l'ennemi, ou l'achat et le transport de vivres qu'on supposait destinés aux Prussiens, alors maîtres de Dreux. Il y avait là des abus réels ; on voyait des espions partout et, au fond, bien peu de ces arrestations furent maintenues après un examen sérieux. Les vrais espions, si tant est qu'il y en ait eu, et l'on aime à croire le contraire en se rappelant qu'ils eussent dû être Français, les vrais espions étaient toujours en règle. Une seule fois une de ces arrestations eut un résultat sérieux, et ce n'était pas même un espion qu'on arrêta ; ce fut une femme portant cousu dans les plis de sa robe un long article très-nouveau et très-circonstancié, écrit en anglais, sur la première entrevue de M. Thiers et de M. de Bismarck, article envoyé à son journal, à Londres, par un correspondant du *Times*. Cette femme cachait aussi de nombreuses enveloppes de lettres avec des adresses variées.

Il importait beaucoup au gouvernement d'alors de connaître l'article en question ; M. le préfet de l'Eure chargea M. le capitaine Le Ménager de le porter à Tours.

A propos de ces arrestations, il est certaines considérations qu'il importe de signaler. D'après les ordres reçus, nous, comme d'autres, arrêtions tous les transports de vivres vers les lignes prussiennes de quelque nature qu'ils fussent. C'était une erreur et une erreur grave. Nous affamions ainsi, non pas les Prussiens, mais les Français des pays occupés par eux. Lorsque l'ennemi occupe un pays, tant qu'il y a des vivres ils sont pour lui car il les prend, mais il n'en prend guère que ce qui lui est nécessaire, et en empêchant le ravitaillement on n'arrive qu'à ce résultat, de faire payer plus cher aux habitants les vivres que l'ennemi leur prend, et de les affamer, il faut bien le dire, s'il n'y a que juste la quantité de vivres nécessaire à leurs envahisseurs. Cette mesure est bonne pour nuire à l'ennemi; mais dans ce seul cas où l'on a fait le vide absolu autour de lui, c'est-à-dire lorsque les populations emportant tout ce qu'elles possèdent, ont évacué complétement la contrée qu'il occupe. Les Prussiens d'ailleurs avaient une intendance qui ne les laissait manquer de rien ; tous leurs besoins étaient prévus, nous ne leur faisions aucun tort en arrêtant les vivres ; ils étaient si bien pourvus que parfois ils durent, Dieu sait à quel prix, nourrir eux-mêmes les populations.

Pendant cette période du 27 octobre au 19 novembre, le comité de guerre fut plusieurs fois réuni à Évreux. Bien des mesures y furent décidées, mais peu d'entre elles purent recevoir leur exécution. Les événements marchaient aussi vite que les résolutions et ôtaient la possibilité de les traduire en faits.

Les choses étaient dans cet état, lorsque, ce même jour du 19 novembre, le commandant de Conches, qui s'était rendu à Évreux, étant seul avec le général de Kersalaun, un officier de chasseurs à cheval, entrant vivement dans le cabinet, annonça que les Prussiens étaient à la Madeleine, à un kilomètre au-dessus d'Évreux, sur la route de Nonancourt. Cet officier allant en reconnaissance, les avait rencontrés là, et ils avaient fait feu sur lui et ses hommes. La ville d'Évreux était surprise. A qui la faute? Ce n'est pas ici le lieu de le discuter, mais ce qu'on doit dire, c'est que la vallée de l'Avre, côté par lequel arrivait l'ennemi, ne dépendait pas alors de la subdivision d'Évreux, et que le général, qui n'avait presque aucun moyen d'éclairer une ligne s'étendant de Verneuil à Dreux, de Dreux à Mantes, de Mantes à Gisors, ou tout au moins à Vernon, c'est-à-dire sur plus de trente lieues, pouvait ignorer complétement ce qui se passait à Nonancourt et à Dreux. Combien de fois, celui qui écrit ces lignes ne l'a-t-il pas entendu se plaindre de l'ignorance dans laquelle on le laissait des faits de guerre qui se passaient en dehors du territoire placé sous son commandement. Depuis le jour où le général Fiéreck quitta la direction générale au Mans jusqu'au moment où le département de l'Eure fut complétement évacué, il n'y eut plus que confusion en Normandie. C'était à tel point, et le département de l'Eure était alors tellement oublié, pour ne pas dire sacrifié, par l'autorité supérieure, que le général Kersalaun, par suite des changements constants dans les commandements, ne savait même pas, à certains moments, malgré des dépêches réitérées, de quelle division dépendait sa subdivision. La hardiesse de la pointe des Prussiens sur Évreux ne peut s'expliquer que par une connaissance parfaite

de l'état réel des choses, et cet état, il ne dépendait pas
du général de Kersalaun de le modifier.

Malgré le courage de ses habitants, la défense d'É-
vreux, ville dominée de toutes parts par les plaines voisines, était impossible. Que faire, en outre, sans artillerie et sans troupes régulières, contre un ennemi dont
on ne connaissait pas la force et qui s'annonçait à coups
de canon. La courte résistance qui fut tentée à l'entrée
de la ville est d'autant plus louable qu'elle n'avait aucune
chance de réussite, et que si l'ennemi eût été résolu à
occuper cette fois la ville, les moyens manquaient entiè-
rement pour s'y opposer. Aussi les dernières instructions
du général de Kersalaun eurent-elles plutôt pour but
d'assurer la défense des parties du département en arrière
d'Évreux que celle d'Évreux même. C'est ainsi qu'il
donna immédiatement au commandant de la garde nationale de Conches, l'ordre qu'on a lu au commencement
de ce rapport, de retourner tout de suite à Conches, d'y
prendre toutes les dispositions défensives, de réunir la
garde nationale, de créer dans la forêt tous les obstacles
jugés nécessaires. Il espérait, à ce moment, former là un
nouveau centre de résistance.

Ces ordres furent exactement suivis en ce qui regarde
la réunion de la garde nationale ; mais on ne crée pas
en si peu de temps de sérieux obstacles dans une im-
mense forêt coupée de routes en tous sens, surtout lorsque
le cas n'est prévu dans aucun budget. Du reste, deux
jours après tout était modifié.

La ville de Conches était alors directement menacée

par l'ennemi qui, occupant Évreux ou les environs, pouvait y être en une heure. Le service devenait donc des plus sérieux ; c'est ainsi qu'il fut accepté. Pendant plus de soixante heures, de jour et de nuit, dans la crainte constante d'une attaque, la garde nationale resta sous les armes. C'est là son plus beau titre à sa propre estime. Elle était seule, loin de toutes forces françaises, dans le voisinage de l'ennemi, mais la tournure générale des affaires laissait encore quelque espoir, on désirait presque avoir à se défendre. Par un froid rigoureux, par des nuits pluvieuses et sans lune, les pompiers, la 1re et la 2e compagnie, la compagnie de Sainte-Marthe et quelques volontaires de différentes communes, formant alors 400 hommes à peine, durent fournir en permanence 100 hommes au moins aux grand'gardes établies à 1 ou 2 kilomètres en avant de la ville, sur les routes de Breteuil, Damville, Saint-André et Évreux. Ces grand'-gardes étaient reliées par des patrouilles. Ce pénible service, commencé le 19 à six heures du soir, ne cessa que le 22 à midi.

A cette date, le service se trouva subitement allégé. Conches venait d'être choisie pour tête de la ligne de défense, et l'autorité supérieure, comme on l'a déjà dit, y envoyait le 39e régiment de la garde mobile, régiment de l'Eure, placé sous les ordres du lieutenant-colonel d'Arjuzon. La garde nationale n'eut plus alors à desservir que le poste de la mairie, tout le service extérieur étant fait par la troupe. Dans les jours qui suivirent arrivèrent successivement à Conches, pour se placer sous les ordres du colonel d'Arjuzon : le 6ᵉ bataillon des gardes mobiles de la Loire-Inférieure, commandant Manet, le même que la garde nationale avait rencontré au Buisson-de-Mai ; plusieurs compagnies des mobiles de l'Ardèche, excellente troupe à laquelle la Normandie doit beaucoup ; un beau bataillon d'infanterie, le 41ᵉ de ligne, dont le commandant, M. Rousset, était bien le vrai type de ces braves et solides soldats qui, commandés convenablement à l'origine de la guerre, eussent fait à la France un rempart de victoires ; et de nombreuses compagnies de francs-tireurs, parmi lesquelles : les éclaireurs de Normandie, formés à Caen sous le commandement de M. Trémant, la guérilla rouennaise, capitaine Buhot, la compagnie Lhortie, les francs-tireurs d'Évreux, capitaine Toinet, et ceux de Breteuil commandés par M. Glaçon.

Enfin, compris la garde nationale, la garnison de Conches s'éleva à un moment de 5500 à 6000 hommes.

C'était une force assez imposante, et nos compagnons espéraient bien en profiter pour avoir avec les Prussiens une rencontre qui pût arrêter, au moins momentanément, les progrès de leur invasion en Normandie. Leurs forces principales étaient alors vers Pacy, Saint-André surtout et Nonancourt, d'où ils faisaient des incursions constantes à Verneuil, Breteuil et Damville. Leur but était, vraisemblablement, de pousser leurs éclaireurs jusqu'à la limite de nos forêts, mais la force réunie à Conches faisait obstacle à leur dessein et les empêchait même de prolonger leurs séjours à Breteuil et à Damville.

Il n'entrait probablement pas dans leurs intentions de
tenter à cette époque un grand effort de notre côté, mais
nous l'ignorions, et ils eurent le talent de nous maintenir en alerte pendant plus de deux semaines. Du 21 novembre au 8 décembre, ils vinrent presque chaque jour
tâter le terrain, soit qu'ils lançassent en avant quelques
patrouilles de uhlans, soit qu'ils vinssent au nombre de
3 ou 400, infanterie et cavalerie, avec quelques pièces
de canon en seconde ligne.

Parfois, partis de Damville, ils arrivaient vers Conches
par Nogent-le-Sec et le Mesnil-Hardray, le Fresne ; à
d'autres moments, ils venaient par Breteuil vers le
Chêne et Nagel. Il y eut même des escouades de uhlans
qui, soit qu'elles fussent perdues, soit qu'elles passassent
avec une incroyable audace au travers de nos grand'-
gardes, nécessairement fort distantes les unes des autres,
parvinrent non-seulement jusqu'au village de Valleuil,
mais encore sous les murs mêmes de Conches. Un de
leurs exploits, dans l'une de ces expéditions, fut de
clouer dans un champ, à quelques 100 mètres de la
ville, d'un coup de lance, un pauvre enfant de treize
ans. Lorsqu'on releva cet infortuné, le trou fait par la
lance, dans sa poitrine, se prolongeait dans la terre gla-
cée. Il était encore plein de sang, et, comme dit élo-
quemment M. le capitaine de Sainte-Foix : « On sent
que le drapeau blanc et noir du uhlan est entré après le
fer et avec la hampe. » Pourquoi ?... On a cherché à le
savoir le pourquoi, et l'on n'a rien pu apprendre de certain. Une bouteille vide gisait aux côtés de l'enfant, elle

était, dit-on, pleine d'eau-de-vie ; pour des uhlans c'eût été une raison ! On a dit aussi qu'ayant aperçu les ennemis, il avait indiqué à des francs-tireurs la position qu'ils occupaient, et il y eut effectivement des uhlans tués et blessés ce même jour aux environs, mais nous ne pûmes retrouver les francs-tireurs auxquels cet enfant aurait parlé.

Le même jour où fut tué l'enfant, les uhlans ayant poursuivi dans la plaine plusieurs gardes nationaux de Nogent-le-Sec, s'emparèrent de l'un d'eux, le nommé Percepied (Jean-Baptiste), qu'ils envoyèrent prisonnier en Prusse.

Comme il vient d'être dit, les alertes causées par les Prussiens étaient incessantes, et, chose remarquable, elles se produisirent presque toujours entre dix heures du matin et deux heures de l'après-midi. Passé cette dernière heure, on était à peu près certain de n'être pas attaqué, et la garnison de Conches eut du moins les nuits pour réparer les fatigues des jours. Ces alertes commençaient généralement par l'arrivée des gendarmes qui, placés à cheval, en vedettes, à 1 ou 2 lieues sur les routes aboutissant à Conches, revenaient au galop nous avertir de la marche de l'ennemi. Souvent, ces braves gens, montés sur leurs lourds chevaux, se laissaient trop approcher par les uhlans et revenaient poursuivis par eux. Les officiers de la garde nationale qui, par les froids les plus rigoureux, se relayaient dans le clocher de notre belle église, où ils servaient de vigies, purent apercevoir plusieurs fois cette chasse improvisée, et même compter les coups de feu qui en étaient la conséquence. Un des grands desiderata de la défense de Conches fut le manque presque absolu de cavaliers capables de nous éclairer au loin, et de faire pour nous ce que les uhlans faisaient pour les Prussiens. Dans les derniers jours, seulement, un peloton de chasseurs à cheval fut mis à la disposition du colonel d'Arjuzon ; jusque-là nous n'avions qu'une douzaine de gendarmes bientôt accablés de fatigue, car ils devaient éclairer cinq ou six grandes routes et entretenir nos communications avec les grand'-gardes.

Au milieu de toutes les tristesses personnelles ou générales dont nous souffrions pendant ces longs jours de l'invasion, une de nos plus grandes douleurs fut certainement le spectacle des criantes injustices de l'opinion publique, œuvre presque constante de gens qui n'avaient pas assisté aux faits dont ils se faisaient les narrateurs et qu'ils dénaturaient au gré de leurs rancunes ou de leurs opinions. Nous n'avons pas à entrer ici dans le détail de toutes ces calomnies, mais, ce que nous pouvons affirmer solennellement, sans crainte d'être contredit, c'est qu'à aucune alerte nous n'avons vu qui que ce soit rester en arrière. A l'annonce de l'arrivée d'un ennemi dont nous ignorions toujours la force, il ne s'est jamais produit la moindre hésitation. Chaque fois que se sont fait entendre la générale ou le tocsin, on courut aux armes, les rangs se formèrent sur le parc ou dans les rues, et nos braves mobiles s'élancèrent au pas de course vers le point menacé ! Partout et toujours leurs officiers étaient en tête.

Leurs chefs, colonel ou commandants, ont poussé loin,
trop loin même, l'oubli de leur personnalité, et les défenseurs de Conches doivent se souvenir encore d'une de
ces alertes. On nous annonçait l'arrivée, par la route de
Damville, sur les hauteurs de Nogent-le-Sec, d'une forte
colonne prussienne, infanterie, cavalerie et artillerie :
nos gendarmes l'avaient vue s'avançant sur la route
entre Damville et Nogent, nos vigies avaient pu observer
les uhlans courant après nos cavaliers, les coups de feu
avaient été entendus de tous, on croyait à un véritable
combat. Les mobiles, comme d'habitude, sortirent de
Conches au pas de course, et leurs compagnies, précé-
dées de leurs lignes de tirailleurs, s'étendirent en plaine
à droite et à gauche de la route de Damville. Le bataillon
d'infanterie de ligne du commandant Rousset et la garde
nationale formaient la réserve, les francs-tireurs étaient
dispersés dans les bois les plus voisins de la route de
Damville. Nous n'avions pas d'artillerie et nous mar-
chions à la rencontre d'un ennemi qu'on savait en avoir
et qui, des hauteurs de Nogent, devait très-certainement
balayer la route toute droite de Damville, qui formait le
centre de notre position. Les premiers coups eussent été,
sans aucun doute, pour ceux qui se trouvaient sur cette
route même. Eh bien ! le colonel, les commandants des
bataillons, quelques officiers attachés à sa personne, en
tout une dizaine, tous à cheval, complétement à décou-
vert, marchant à la hauteur des tirailleurs, depuis Conches jusqu'à plus de 6 kilomètres, occupaient le centre
de cette route. C'était hardi, et l'on peut même ajouter

que ce n'était pas là la place de ces officiers ; mais ils avaient compris qu'en un temps où les chefs sont toujours mis en suspicion, il est nécessaire de donner l'exemple et, d'ailleurs, les calomnies dont on abreuvait quelques-uns d'entre eux leur faisaient à tous un devoir de l'imprudence. Cette fois, comme d'autres depuis, les Prussiens voyant sortir de Conches une troupe si nombreuse, abandonnèrent Nogent où ils étaient, dit-on, 3 ou 400, et reprirent la route de Damville. Quelques-uns des leurs, cependant, ne rejoignirent pas leur colonne ; ils furent tués, blessés ou faits prisonniers, plusieurs escouades de uhlans ayant été tirées le long des bois par nos grand'gardes et nos francs-tireurs.

En disant que pendant ces deux ou trois semaines chacun fit son devoir, il nous est interdit d'oublier la garde nationale. Il est impossible de dire qu'elle allait en avant gaiement, car on n'est jamais bien gai, quelque brave qu'on soit, lorsqu'on va, la patrie étant envahie, prendre sa part d'un combat qui peut entraîner la ruine de son foyer, lorsqu'on en est réduit à défendre sa propre famille, lorsqu'on craint pour les femmes et les enfants ; mais elle a pris part à toutes les sorties, elle était résolue, et si nous eussions été sérieusement attaqués, elle eût fait noblement son devoir !

En nous inscrivant contre les calomnies dont on abreuvait les chefs de corps en général, et en particulier quelques-uns des officiers supérieurs avec lesquels nous nous sommes trouvés en contact, nous pensons, non-seulement faire acte de justice, mais, en éclairant l'opinion, empêcher, pour l'avenir, le retour de ces odieuses manœuvres ; si cependant notre parole ne paraissait pas suffisante, nous prions qu'on veuille bien relire le décret de M. Gambetta, rendu à Tours le 14 octobre 1870. Il explique bien des choses. Il y est dit :

« Sera traduit devant un conseil de guerre, tout » chef de corps ou de détachement qui se sera laissé » surprendre par l'ennemi, ou qui se sera engagé » sur un point où il ne soupçonnait pas la présence de » l'ennemi. » Pratiquement, ces menaces devaient rester vaines, mais elles avaient des conséquences funestes. Devant de pareils ordres, quelle était la position des chefs de corps qui, la plupart du temps, n'avaient pas même un cavalier pour éclairer leur marche, et qui devaient lutter avec un ennemi connaissant généralement le pays, faisant facilement 8 à 10 lieues en avant par jour, et ayant à son service des nuées d'éclaireurs ? Quelque chose qu'ils fissent, ils étaient à peu près certains d'être surpris. Avançaient-ils, ils pouvaient se jeter dans une colonne prussienne ; restaient-ils en place, à moins d'avoir une troupe très-nombreuse. ils risquaient d'être entourés, et, dans un cas, comme dans l'autre, ils avaient la perspective de la cour martiale. Il résultait de là que jamais les Français n'allaient en avant. et qu'en maintes occasions, toujours par crainte de la loi martiale, lorsqu'ils soupçonnaient la présence de l'en— nemi et ne se croyaient pas en force très-supérieure, ils évacuaient le point qu'ils auraient dû conserver. Était-ce leur faute ?

Un autre décret, émané de la même source, disait que les maires qui obéissaient aux ordres de réquisitions donnés par les Prussiens seraient fusillés ; les Prussiens, de leur côté, proclamaient bien haut qu'ils fusilleraient les maires qui ne satisferaient pas à leurs demandes. La conséquence naturelle de ce décret fut, que d'excellents maires qui, dans ces tristes circonstances, eussent rendu de grands services au pays, placés dans cette alternative d'être fusillés à droite ou fusillés à gauche, n'avaient qu'à donner leur démission : et ils la donnaient ! Avec de pareils décrets, on ne sauvait pas la patrie, on la tuait !

Puisque nous parlons des fautes commises, nous ne devons pas oublier une proclamation de M. Gambetta, qui eut, sur la suite de la guerre, une influence désastreuse ; c'est celle qui suivit immédiatement la reddition de Metz. M. Gambetta y prenant texte de la trahison qu'il imputait au maréchal Bazaine, s'y écriait :

« Soldats, vos chefs trahissent !... »

Le commandant de la garde nationale de Conches, discutant à ce sujet avec M. Fleau, se souvient de lui avoir dit : « Monsieur le préfet, au point de vue de la défense nationale, dans un temps où il faut, avant tout, soutenir la discipline, la proclamation de M. Gambetta est un aussi grand crime que la reddition de Metz par le maréchal Bazaine. » Cette proclamation rendit, en effet, le commandement presque impossible. Le mot trahison fut désormais dans la bouche de tout soldat mécontent.

De là à tirer sur les chefs il n'y avait qu'un pas, et malheureusement, en Normandie, ce pas fut franchi.

Évreux évacuée à la suite de la première attaque par
les Prussiens avait été réoccupée par nos troupes, et
pendant quelques jours, huit au plus, le commandement
supérieur de l'Eure, dont le colonel d'Arjuzon, à Conches, avait été chargé pendant un jour ou deux, y fut
réinstallé, et la direction militaire du département fut
successivement confiée à plusieurs personnes, parmi lesquelles on ne peut oublier les deux capitaines de frégate
Vallon et Gaube. Si le département eût pu être sauvé,
sans aucun doute, il l'eût été par ces commandants militaires, aussi braves qu'expérimentés ; mais, pour des
causes que nous ne pouvons apprécier ici, ils n'exer-
cèrent chacun leurs fonctions que pendant deux ou trois
jours. A peine avaient-ils eu le temps de prendre sur
la carte une connaissance sommaire du terrain sur lequel
ils devaient diriger les opérations et de s'entourer des
renseignements verbaux que nous pouvions leur fournir,
que M. le commandant Vallon fut appelé à d'autre
fonctions, et que M. le commandant Gaube dut évacuer
la ville d'Évreux qui n'était plus défendable et se trouvait tournée par la prise de Rouen.

Pendant ce temps, la défense de Conches continuait
dans les mêmes conditions de guerre d'avant-postes.

Le commandant Rousset et son beau bataillon d'infanterie de ligne avaient été enlevés au colonel d'Arjuzon
et portés sur Évreux dès la réoccupation de cette ville ;
ils avaient été remplacés à Conches par un bataillon de

mobilisés de la Seine-Inférieure (Fécamp). Ces derniers
étant venus avec des fusils à piston, on leur avait envoyé
du Havre des cartouches pour fusils Sniders. Ils étaient
furieux à juste titre, et nous ne pouvions corriger cette
erreur, car la garde nationale n'avait même pas assez de
munitions, et les mobiles n'étaient armés que de fusils
à tabatière.

Un autre fait du même genre prouve avec quelle pré-
cipitation fâcheuse tout se faisait alors. Les défenseurs
de Conches, exposés à être attaqués avec de l'artillerie
à laquelle ils eussent été dans l'impossibilité de répondre,
ne cessaient de demander que quelques canons leur fussent confiés, et M. le colonel d'Arjuzon écrivait à ce
sujet lettres sur lettres.

Nous avions avec nous, comme commandant du
3e bataillon de l'Eure, M. Power, ancien capitaine d'artillerie (plus tard lieutenant-colonel du même régiment),
qui eût fait de ces pièces un excellent usage. Un jour,
enfin, un de nos généraux, on ne peut dire lequel, car
alors la confusion du commandement était telle que
nous vîmes M. d'Arjuzon recevoir dans la même journée, par voie télégraphique, de quatre personnes qui se
croyaient peut-être, à juste titre, le droit de nous donner des ordres, quatre injonctions conçues dans des
sens diamétralement opposés, un de nos généraux,
disons-nous, nous expédia 4 pièces de 4 sur affûts,
mais sans avant-trains, portées dans des charrettes. Par
malheur, il était presque impossible, dans les conditions
où nous nous trouvions, de se servir de pièces ainsi éta-

blies. En cas d'attaque, il eût fallu conduire les charrettes aux positions désignées, en descendre les pièces, les tirer, puis, en cas de retraite, sous le feu de l'ennemi, les recharger dans les voitures pour aller les établir en arrière. Une pareille manœuvre exigeait un sang-froid impossible à demander à des troupes de formation nouvelle, et en n'ayant pas un seul artilleur à notre disposition. A peine de vieilles troupes y eussent-elles suffi. Sur la représentation de ces difficultés, une magnifique batterie de 6 pièces de 12, attelée de 6 chevaux chacune, avec forges, etc..., nous fut envoyée par le chemin de fer. Elle était conduite et servie par des artilleurs de la garde mobile tout récemment créés. Nous reçûmes ces pièces, arrivées de nuit, avec une grande satisfaction ; mais le désenchantement n'était pas loin. Au jour, on reconnut que les harnais n'étaient que des harnais de calèches réquisitionnés à la hâte, dont les boucles de raccordement n'étaient même pas soudées, et qui, dans les terres labourées, se fussent rompus au premier coup de collier. Les emmener avec nous devant l'ennemi eût été d'une insigne imprudence, c'eût été encore, en cas de retraite, les offrir à nos envahisseurs. Le colonel dut les renvoyer au chemin de fer, ne pouvant accepter une semblable responsabilité.

M. le capitaine de Sainte-Foix, du 1ᵉʳ bataillon de la mobile de l'Eure, le même qui, au combat de Bourgtheroulle, blessé trois fois, tomba au pouvoir des Prussiens, a dit, dans ses *Souvenirs d'un mobile du Vexin*, que le 23 novembre, la population de Conches voulut mettre

en pièces un prisonnier prussien fait, ce jour-là même,
par la compagnie du capitaine de la Brière. Sur nos
représentations, tout amicales, il a bien voulu, depuis,
rectifier gracieusement cette erreur par une lettre qu'il
nous a permis de rendre publique, et dans laquelle il
dit :

« Cette publication contient quelques erreurs que je
» relèverais si je faisais une deuxième édition. Permet-
» tez-moi, en attendant, de rectifier celle que vous me
» signalez : les renseignements qui me sont venus depuis
» corroborent les vôtres, attribuant à je ne sais quelle
» compagnie de francs-tireurs étrangers au pays les
» menaces dont j'accusais les habitants de votre ville. »

Le capitaine de la Brière reconnaît aussi que les habitants de Conches, loin de mériter le blâme en cette
circonstance, l'ont, au contraire, aidé à protéger le prisonnier qu'il avait fait.

Jaloux de l'honneur de nos concitoyens, nous tenions
à cette rectification. Des Français ne frappent pas leurs
ennemis sans défense. Les prisonniers faits à Conches
ont toujours été traités en soldats malheureux ; et,
lorsque nous voulions que leurs souffrances ne fussent
pas aggravées, nous pensions, d'une part, aux droits de
l'humanité, nous espérions, de l'autre, que la réciprocité
s'étendrait à nos compatriotes si nombreux, hélas ! entre
les mains de l'ennemi.

M. de Sainte-Foix parle aussi d'une messe militaire
qui eut lieu sur le parc de Conches, au bord de la forêt;

l'autel était formé par le calvaire, environné de grands arbres tout couverts de givre.

« La cérémonie, dit-il, eût été digne du pinceau d'Horace Vernet, et aurait pu servir de pendant à la *Messe en Kabylie*. Quel contraste entre cette toile éclairée du soleil africain et la brume de nos vieilles forêts druidiques. »

Autant que d'autres, peut-être, nous sommes sensibles aux beautés artistiques, et cet autel rustique dominé par cette grande croix, autour duquel se groupaient, d'un côté, ces soldats, de l'autre, ces gardes nationaux en blouses, et ces pompiers appuyés sur leurs fusils, tandis que la population se pressait derrière, ce prêtre si vénérable, ce tambour battant aux champs, ces hommes armés agenouillés au moment de l'élévation, tout cela pouvait émouvoir notre fibre artistique ; mais plus profondément encore battaient nos cœurs de Français malheureux et de chrétiens en demandant à Dieu sa protection pour notre pauvre France, pour nos familles, pour nous-mêmes. Nous sommes de ceux qui prétendent qu'on s'élève en s'inclinant devant Dieu, que rien n'excite le courage et ne fait de bons patriotes comme une bonne prière.

Dans les premiers jours de décembre, M. le colonel d'Arjuzon quitta Conches, envoyé en mission par le commandant Gaube auprès du général Briand ; il parvint à Rouen au moment où les Français évacuaient cette ville, et reçut du général l'ordre de se rendre à Tours pour renseigner le Gouvernement sur l'état réel des choses dans le département de l'Eure.

M. d'Arjuzon appelé, sa mission remplie, à un autre commandement, emporta les regrets de toutes les personnes qui l'avaient plus particulièrement connu.

Des trois chefs de bataillon du régiment des mobiles de l'Eure : MM. Guillaume de Chiffreville, Ferrus et Power, M. Ferrus, comme le plus ancien, fut chargé du commandement de Conches. Les rapports des gardes nationaux avec les troupes d'occupation furent, pendant l'intérim de M. Ferrus, ce qu'ils avaient été auparavant, pleins d'aménité et de bonne camaraderie. Quant aux habitants de Conches, partout et toujours, ils ont fait leur possible pour adoucir à leurs défenseurs les rigueurs d'une pénible campague, et les mobiles, officiers et soldats, nous ont chargé, eu maintes occasions, de leur exprimer leur reconnaissance pour l'hospitalité qu'ils leur ont offerte dans ces circonstances difficiles et tristes.

Les habitants, comme les gardes nationaux de Conches, doivent, à leur tour, un témoignage de reconnaissance aux gardes nationaux d'Elbeuf et du Meubourg, qui, tant qu'ils n'ont pas été personnellement menacés, leur ont offert leur concours au cas d'une attaque sérieuse. Nous sommes heureux de leur en témoigner ici notre gratitude.

Au commencement de décembre, la position devint plus difficile pour les défenseurs de l'ouest de la France. Une grande armée prussienne, rendue disponible par la désastreuse reddition de Metz, fut dirigée sur nos places fortes du Nord, puis, faisant un coude vers le Sud, après s'être emparée d'Amiens, fut envoyée sur Rouen dont elle prit également possession. Par la prise de la capitale de la Normandie, l'ennemi avait acquis l'accès des deux rives de la Seine, nous étions tournés, et la résistance devenait impossible dans la plus grande partie du département de l'Eure. La position de Conches déjà menacée en avant par Évreux, alors au pouvoir des Prussiens, Damville et Breteuil, l'était encore en arrière par Elbeuf et le Neubourg, d'une part, de l'autre, par la ligne du chemin de fer de Rouen à Serquigny. En avançant dans cette dernière direction, les Prussiens pouvaient s'emparer de Bernay et couper la retraite aux troupes rassemblées à Conches. Le commandant Ferrus reçut, en conséquence, l'ordre d'évacuer cette ville et de se porter sur Serquigny, point de rencontre des lignes de Rouen, Paris, Cherbourg, et même Laigle, seul centre de voies ferrées par lequel le nord et le sud de la France pussent encore correspondre. Une seconde dépêche parvenue à Conches, le 8, vers midi, enjoignait même à M. Ferrus de se retirer sur Lisieux, l'ennemi arrivant vers Brionne. Les indications contenues dans cette dépêche étaient heureusement prématurées, et M. Ferrus put ramener son monde à Serquigny un ou deux jours après. Les Prussiens étaient alors à Conches, et c'est de ce point trop vite évacué, car c'était bien là qu'on pouvait protéger nos voies ferrées, qu'ils se portèrent, par la suite, sur Beaumont et Serquigny.

La peine des habitants de Conches fut extrême au départ de la mobile. Tant qu'elle fut parmi nous, on acceptait, sans aucune arrière-pensée, l'hypothèse d'une attaque sérieuse, et chacun était disposé à bien faire. Que de démarches M. Guillot-Raffy et les officiers de la garde nationale n'ont-ils pas faites pour la conserver, quitte à combattre à ses côtés ; aussi, est-ce la mort dans l'âme que nous avons vu, par cette retraite définitive, abandonner à l'ennemi la belle position de Conches. Elle était abandonnée, en effet, le jour où la ville se trouvait réduite à ses propres forces, le jour où nous étions mis, par notre petit nombre, dans l'impossibilité de tenir la campagne. La garde nationale était bien diminuée alors, la plupart des communes du bataillon étant journellement parcourues par les uhlans, beaucoup de familles avaient cherché des refuges en forêts, emmenant meubles et bestiaux, et les gardes nationaux ne pouvaient rejoindre au chef-lieu de canton. Il était cependant du devoir de la garde nationale, même très-réduite et sans secours possible, de défendre la ville si le conseil municipal n'en ordonnait pas autrement, et, jusqu'au dernier moment, elle se tint prête à le faire. Le conseil réuni, le commandant lui offrit, en son nom, comme au nom de ses camarades, d'entreprendre cette défense. L'honneur de la garde nationale voulait qu'il fît cette proposition, et il proteste ici que ce qu'il promettait il l'eût tenu jusqu'aux dernières limites du possible, malgré l'excessive faiblesse des moyens de résistance restés à sa disposition ; mais, en même temps, consulté

sur l'opportunité et les chances de cette défense, c'était
pour lui un devoir impérieux d'éclairer le Conseil sur le
manque absolu de résultats favorables qu'elle eût obtenus
et le danger qu'elle offrait. Nous n'étions plus même
assez nombreux pour placer quelques hommes à chacune
des barricades qu'il aurait fallu élever aux entrées de la
ville, sur les six ou huit grandes routes qui y conduisent.
Il ne nous restait donc qu'une ressource : nous embus-
quer dans la campagne, attendre le premier peloton de
cavaliers ennemis; encore, en admettant que nous fus-
sions avertis à temps de la route par laquelle il arrivait,
lutter avec lui, et vraisemblablement, le mettre en fuite
après lui avoir pris ou tués quelques hommes. Fidèles à
leur tactique, les Prussiens seraient revenus en force le
lendemain, et ne se seraient pas donné la peine d'enlever
notre ville barricadée, ils auraient placé quelques pièces
sur les hauteurs voisines, et sans qu'avec nos fusils à
piston nous puissions leur rendre un seul coup, ils auraient brûlé jusqu'à la dernière maison de Conches, y
tuant, peut-être, nombre de femmes et d'enfants. Quel
avantage en fût-il résulté pour la cause commune? Un
désastre sans compensation eût été ajouté à une liste
déjà trop longue! Le Conseil le comprit, et le 8 décembre, à quatre heures de l'après-midi, il prit un arrêté
inscrit au registre de ses délibérations, par lequel le
1ᵉʳ bataillon de la garde nationale du canton de Conches
était déclaré dissous, et chaque garde reprenait sa
liberté individuelle, chacun restant maître de soustraire
à l'ennemi ses armes, munitions, effets d'équipement,

ou de les rapporter à la mairie, d'où ils seraient évacués sur un point du territoire non encore occupé.

Le lendemain, 9 décembre, les Prussiens entraient à Conches.

Tel est le récit détaillé des faits et gestes du 1er bataillon de la garde nationale du canton de Conches. Son commandant, comme tous ses officiers et gardes, l'eût voulu plus glorieux, il eût surtout désiré qu'il contînt des faits dont notre pays malheureux eût pu tirer quelques avantages sérieux ; mais, tel qu'il est, il a été dicté par la plus entière sincérité, et il le termine en remerciant encore une fois tous ses camarades et tous les habitants du concours actif et dévoué qu'ils lui ont prêté ; il les remercie tout particulièrement de la bienveillance et de la confiance qu'ils lui ont constamment témoignées.

V. A. BARBIÉ DU BOCAGE,
Membre de la commission centrale de la Société de géographie de Paris.

Ce 26 novembre 1871.

PARIS. — IMPRIMERIE DE E. MARTINET, RUE MIGNON, 2.

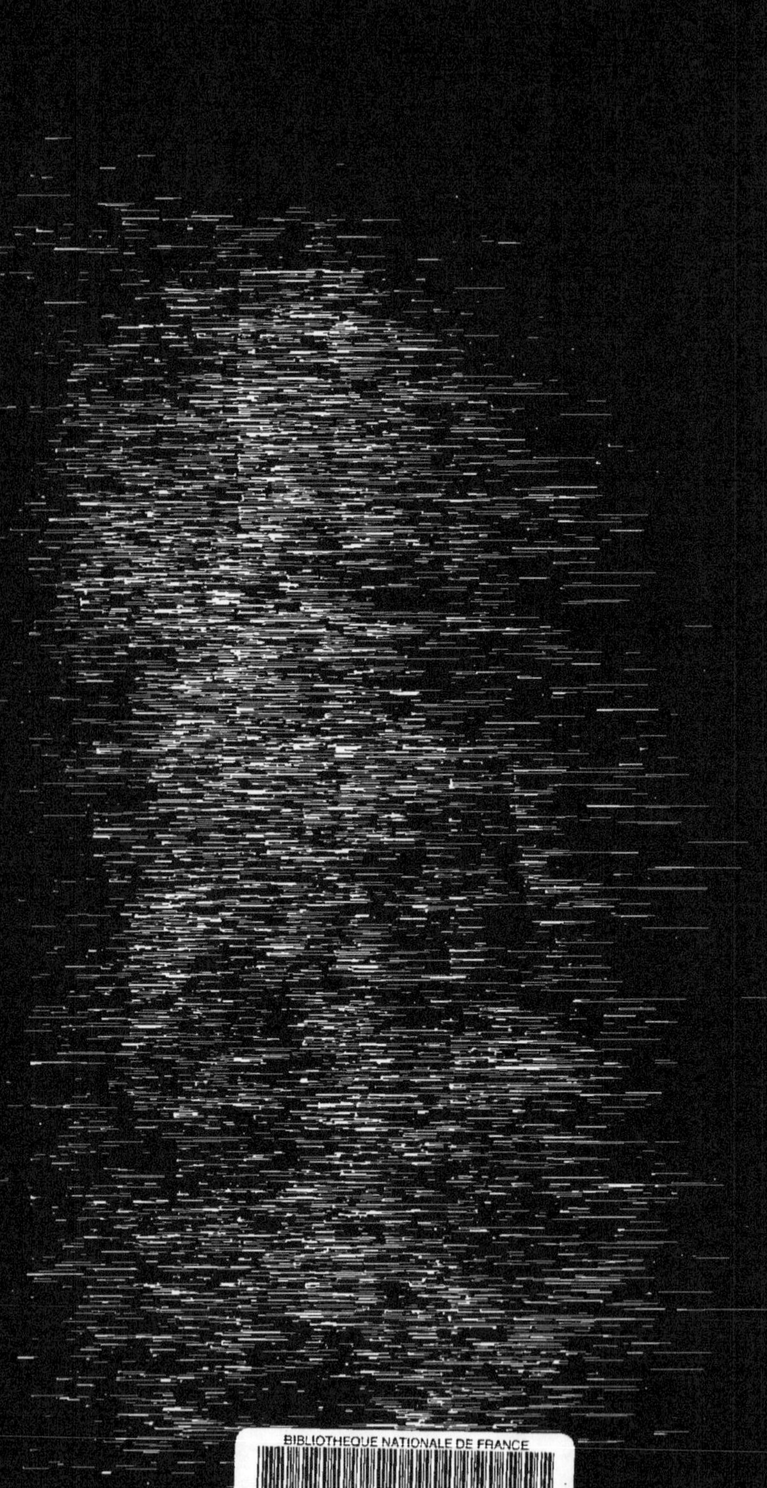